明月和风

国际友谊博物馆藏
伊斯兰国家国际礼品

国际友谊博物馆 宁夏博物馆　编

文物出版社

编委会

致辞一

　　"伊斯兰国家"一般指以伊斯兰教为国教和多数居民信奉伊斯兰教的国家和地区。珍视友谊、崇尚和平的中国，与伊斯兰国家的友好交往源远流长。

　　《史记·大宛传》记载，汉武帝时期派遣张骞出使西域，开辟了与伊斯兰国家友好交往的陆上丝绸之路。之后，海上交往也随着中国造船业的发展日益频繁。伊斯兰风格的音乐、舞蹈和服饰、建筑，在中国深受欢迎。同样，中国古代文化和技术，也传到了阿拉伯国家。中国的瓷器、丝绸、茶叶、造纸术，通过阿拉伯国家传入欧洲。公元7世纪中叶，伊斯兰教传入中国，中国与伊斯兰世界的交往更加密切，历经唐、宋、元、明、清各代，久盛不衰。新中国成立后，我国与伊斯兰世界广泛建立了外交关系，谱写了中外友好交往的新篇章。

　　国际友谊博物馆是收藏、保护、研究和宣传展示新中国成立以来党和国家领导人在对外交往中受赠的外交礼品的专题博物馆。在丰富的馆藏中，来自伊斯兰国家的外交礼品以其浓郁的历史文化和宗教色彩令人瞩目，反映了当代中国与伊斯兰世界的密切关系。宁夏是我国唯一的回族自治区，与伊斯兰世界的交往有着得天独厚的条件。2010年7月18日至24日，在宁夏举办"第二届中国（宁夏）国际文化艺术旅游博览会"，由文化部、国家民族事务委员会、国家广播电影电视总局、国家旅游局、中国人民对外友好协会、宁夏回族自治区人民政府共同主办。为配合此次活动，我馆受宁夏回族自治区文化厅、文物局的邀请，在宁夏博物馆举办为期一个月的《明月和风——国际友谊博物馆藏伊斯兰国家国际礼品展》，以表达对本届国际文化艺术旅游博览会的热烈祝贺。在此展览基础上，我们精心编撰成图录，奉献给广大读者。

国际友谊博物馆馆长　张　健

致辞二

炎炎夏日，塞上湖城。第二届中国（宁夏）国际文化艺术旅游博览会已拉开绚丽的帷幕。由宁夏回族自治区文化厅、文物局联合主办，国际友谊博物馆、宁夏博物馆承办的《明月和风——国际友谊博物馆藏伊斯兰国家国际礼品展》即将于2010年7月15日在宁夏博物馆盛装登场。伊斯兰国家国际礼品，将以其多彩的异域文化，烘托出文艺旅博会的祥和氛围，这也是对宁夏博物馆的专题陈列——《中国（宁夏）回族文物精品展》的一大补充和提升。在此，我们对国际友谊博物馆的鼎力支持表示诚挚的感谢！

外交礼品是新中国成立以来辉煌外交成就的实物见证。国际友谊博物馆是全国唯一一家收藏外交礼品的专题博物馆，拥有金银器、铜雕器、陶瓷器、玉石器、绘画等30多个种类近2万件藏品，琳琅满目，美不胜收。本书遴选的伊斯兰国家国际礼品，皆为国际友谊博物馆收藏。这些礼品斑斓璀璨，异彩纷呈，多地域、多层面地反映了伊斯兰国家优秀的传统文化和独特的民族艺术风格，具有很高的历史价值、艺术价值和纪念象征意义。

宁夏是全国最大的回族聚居区域，也是唯一的省级回族自治区。回族以伊斯兰文化为主流，吸收融合了华夏文化的精华，形成了独特鲜明的回族文化。他们在宁夏这块土地上与其他各族人民和谐共处，并肩创造，促进了宁夏社会经济文化的发展与繁荣，是中华民族百花园中的一朵瑰丽奇葩。在宁夏博物馆举办伊斯兰国家国际礼品展，是非常有意义的一件盛事。

最后，预祝《明月和风——国际友谊博物馆藏伊斯兰国家国际礼品展》取得圆满成功！同祝伊斯兰国家人民与中国人民携手并肩，在合作中求发展，在发展中共沐和谐熏风！

宁夏博物馆馆长　李进增

前　言

　　早在1400年前，丝绸之路就把中国同伊斯兰世界联系在一起。伊斯兰教创始人穆罕默德说过："学问，虽远在中国，亦当求之。"多样文明的交流与融合，汇成人类文明奔流不息的长河。

　　新中国成立后，中国政府奉行独立自主的和平外交政策，不断扩大和深化与伊斯兰国家的友好往来与合作，为世界和平与发展作出了重要贡献。在友好交往中，党和国家领导人、政府机构及社会团体接受了大量伊斯兰国家的珍贵礼品。这些礼品反映了伊斯兰国家优秀的文化传统和独特的艺术风格，具有很高的历史价值和艺术价值。

　　本书遴选来自伊斯兰国家的艺术佳作，使人领略到伊斯兰世界绚丽多姿的人文魅力，感受到清新怡人的和风暖意。我们期望，不同的文明彼此尊重，共同为建设一个持久和平、共同繁荣的和谐世界而努力！

图版目录

伊斯兰教

一、伊斯兰教综述

　　伊斯兰教是世界性的宗教之一，与佛教、基督教并称为世界三大宗教。公元7世纪初产生于阿拉伯半岛，由伊斯兰教的先知穆罕默德(约公元570～632年)所创传。伊斯兰一词系阿拉伯语音译，原意为"顺从"、"和平"，指顺从和信仰宇宙独一的最高主宰安拉及其意志，以求得两世的和平与安宁。信奉伊斯兰教的人统称为"穆斯林"(意为"顺从者")。主要传播于亚洲、非洲，以西亚、北非、西非、中亚、南亚次大陆和东南亚最为盛行。第二次世界大战后，在西欧、北美、澳洲和南美一些地区也有不同程度的传播和发展。

　　伊斯兰教诞生于阿拉伯半岛的社会大变动时期。四方割据，战乱频繁。内忧外患，危机重重。在宗教信仰上，原始宗教盛行，人们崇拜自然物体，并且各个部落都有自己的神。同时，犹太教和基督教也开始向半岛传播，但它们的学说并不适合这种形势。因此实现半岛的和平统一和社会安宁是阿拉伯社会的出路。这时候先知穆罕默德出现了，他以"安拉是唯一的真神"为口号，提出禁止高利贷，"施舍济贫"、"和平安宁"等主张，反映了当时社会的要求。伊斯兰教就是在这样一个转折的时刻诞生的。

　　伊斯兰教的基本教义为六大信仰，即信安拉、信使者、信前定、信来世、信天使、信经典。其中最基本的是信安拉、信使者，即：安拉为宇宙独一无二的主宰者，穆罕默德是安拉

麦加禁寺

的使者。伊斯兰教的经典主要是《古兰经》，其次是《圣训》。《古兰经》是穆罕默德在23年的传教中以安拉启示名义陆续发布的议论汇集，其内容包括伊斯兰教的基本信仰、基本功课和教律。

伊斯兰教分为逊尼和什叶两大派系。逊尼派为主流派别，被认为是正统派，人数约占全世界穆斯林的90%，中国的穆斯林大部分属于此派。什叶派是与逊尼派、哈瓦利吉派、穆尔吉埃派并称为早期伊斯兰教的四大政治派别。什叶派主要分布在伊朗、伊拉克、巴基斯坦、印度、土耳其、阿富汗、黎巴嫩、沙特阿拉伯、也门、巴林等地区。该派以拥护穆罕默德的堂弟、女婿阿里及其后裔担任穆斯林领袖伊玛目为其主要特征。

二、伊斯兰教五大功修

"五大功修"，构成了伊斯兰教系统的功修制度和日常言行的规范和准则。"五功"是伊斯兰教念功、拜功、斋功、课功和朝功的总称。伊斯兰教规定"五功"是穆斯林必须履行的神圣义务和功修制度。

1.念功

指穆斯林口诵清真言："万物非主，惟有真主；穆罕默德是主的使者"，以此对自己信仰进行公开的表白或作证。念功，贯穿穆斯林的一生，在重要的宗教活动中都要念经；在日常生活中，如婚丧嫁娶、提念亡人、祈求平安时也都要举行念经仪式。

2.拜功

即礼拜，指穆斯林向安拉表示归顺、感恩、赞颂、祈求、忏悔的一种宗教仪式，是穆斯林用整个身心来完成宗教义务的一种方式。伊斯兰教规定，穆斯林每天必

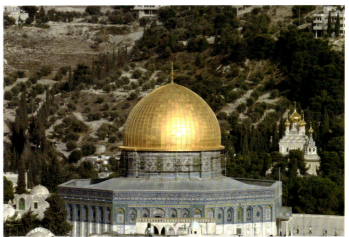

上图：麦地那先知圣寺
中图：耶路撒冷萨赫莱清真寺
下图：耶路撒冷远寺

穆斯林举行清洁仪式

须礼拜五次，称为晨礼、晌礼、晡礼、昏礼、宵礼；每周星期五举行礼拜，称为聚礼；每年开斋节、宰牲节各有一次会礼。

3.斋功

亦称"斋戒"。指全体穆斯林每逢伊斯兰教历9月均当斋戒一个月。斋月里，每天黎明前至日落时，禁绝一切饮食和房事等。据《古兰经》规定，在斋月中，除了病人和旅客可延补斋或以施舍补赎外，全体穆斯林均当斋戒。

4.课功

亦称"天课"。指穆斯林通过纳天课，使自己的财产更加洁净。伊斯兰教法规定，穆斯林的个人财产和收入达到一定数量时，应以不同税率缴纳天课。起初作为一种用以济贫的自愿施舍，后来发展成为一种按财产不同种类，按一定比例征收的法定宗教税，又称"济贫税"。

5.朝功

系穆斯林朝觐麦加"克尔白"等一系列宗教礼仪活动的总称。凡具备经济能力和身体健康等条件的穆斯林，一生到麦加朝觐一次为主命。凡朝觐过的穆斯林被尊称为"哈吉"。

三、伊斯兰教三大节日

伊斯兰教三大节日，即开斋节、宰牲节、圣纪。每逢佳节，世界各地穆斯林举行隆重的庆祝活动。一般以清真寺为中心，在会礼前后，来自四面八方的穆斯林老少汇聚到一起，交流感情，畅叙情怀，加深亲朋好友间的往来。

1.开斋节

开斋节是伊斯兰教三大节日中最重要的节日。伊斯兰教法规定，伊斯兰教历每年9月为斋戒月。10月1日为开斋节。开斋节的主要礼仪有：忙食一物、缴纳开斋捐和举行会礼。每逢此节，世界各地穆斯林都以热情和虔敬的心情参加节日活动。纷纷来到清真寺聚会、礼拜，庆祝开斋。

2.宰牲节

为伊斯兰教朝觐功课的主要仪式之一，定于伊斯兰教历12月10日。据传说，古代先知易卜拉欣晚年得子，当其子13岁时，安拉"启示"易卜拉欣宰子奉献。易卜拉欣谨遵主命，儿子也毅然从命。当父子正在米那山谷执行"启示"时，天使吉卜利勒奉主之命送来一只绵羊，做儿子替身。12月10日，阿拉伯人为纪念易卜拉欣父子为安拉牺牲的精神，便在此日宰牲。凡朝觐者都要在此日于米那山谷宰牲。未参加朝觐者当日要盛装赴清真寺参加会礼、宰牲。

3.圣纪

圣纪是伊斯兰教先知穆罕默德诞辰。据传，伊斯兰教先知穆罕默德诞辰和归真都在伊斯兰教历的3月12日。穆斯林在这一天要举行集会，将生日和忌日合并纪念，故称"圣纪"或"圣会"。届时，穆斯林要穿戴整洁，到清真寺沐浴更衣，听阿訇们诵经、赞圣。

左图：开斋节
右图：宰牲节

伊斯兰国家

伊斯兰国家，一般指以伊斯兰教为主要宗教或大多数居民信奉伊斯兰教的国家。还有一些国家穆斯林虽不占人口的多数，但由于受伊斯兰教影响，也自称为伊斯兰国家，加入了伊斯兰会议组织。

伊斯兰会议组织（Organization of Islamic Conference，简称OIC），是伊斯兰国家政府级的国际政治组织。在1970年3月举行的第一次伊斯兰国家外长会议上，决定成立伊斯兰会议组织。5月，伊斯兰会议组织在沙特阿拉伯吉达正式成立。

伊斯兰会议组织共有57个成员国：阿尔巴尼亚、阿尔及利亚、阿富汗、阿联酋、也门、阿曼、阿塞拜疆、埃及、巴勒斯坦、巴基斯坦、巴林、贝宁、布基纳法索、冈比亚、吉布提、吉尔吉斯斯坦、几内亚、几内亚比绍、加蓬、喀麦隆、卡塔尔、科摩罗、科威特、黎巴嫩、利比亚、马尔代夫、马来西亚、马里、毛里塔尼亚、孟加拉国、摩洛哥、莫桑比克、尼日尔、尼日利亚、塞拉利昂、塞内加尔、沙特、苏丹、索马里、突尼斯、土耳其、文莱、乌干达、叙利亚、伊拉克、伊朗、印度尼西亚、约旦、乍得、土库曼斯坦、哈萨克斯坦、乌兹别克斯坦、苏里南、科特迪瓦、圭亚那、塔吉克斯坦和多哥。

该组织宗旨是：促进各成员国之间的团结；加强各成员国之间在经济、社会、文化、科学等方面的合作；努力消除种族隔离和种族歧视，反对一切形式的殖民主义；支持巴勒斯坦人民为恢复其民族的合法权利和重返家园而进行的斗争；采取必要方式支持建立在公正基础上的世界和平和安全；支持穆斯林各民族捍卫其尊严、独立和民族权利的斗争；促进各成员

左图：穆斯林妇女
右图：穆斯林家庭

阿拉伯传统乐器演奏

铜匠

国和其他国家之间的合作和谅解。

　　该组织主要机构：伊斯兰国家首脑会议、外长会议和常设秘书处。首脑会议是伊斯兰会议组织的最高权力机构，每3年举行一次，必要时可举行特别首脑会议。外长会议每年在成员国间轮流举行一次。秘书处设在沙特阿拉伯吉达市。

　　该组织的附属机构：伊斯兰开发银行、耶路撒冷委员会、伊斯兰通讯社、伊斯兰贸易发展中心、伊斯兰法庭、伊斯兰发展基金会和伊斯兰经贸常设委员会等。

清真寺

妙笔丹青·绘画

1．油画

纵86.5厘米，横105厘米

1980年7月，孟加拉国总统齐亚·拉赫曼赠国务院副总理邓小平。

2. 油画《人物》

纵105厘米,横111.8厘米

1980年7月,孟加拉国总统齐亚·拉赫曼赠国务院副总理李先念。

3. 油画《纺线》

纵67厘米，横68.5厘米

1974年11月，民主也门总统委员会主席鲁巴伊赠中共中央主席毛泽东。

　　作品描绘一位妇女手摇纺车纺线的情景。她身穿红色长袍，神情自若而专注，显示出技艺的娴熟。整个画面构图简洁，色调浓烈，具有鲜明的阿拉伯民族特色。民主也门位于阿拉伯半岛南部（现为也门共和国的一部分），首都亚丁俯瞰印度洋，是一座港口城市。亚丁港有3000年以上的历史，曾是古代香料贸易的集散地。

4．油画《收割》

纵76厘米、横51厘米
1984年6月，圭亚那副总统霍伊特赠国务委员姬鹏飞。

　　作品描绘两位印第安农民在甘蔗地里收割的情景。他们一个在挥刀收割，一个正用力地把一捆甘蔗往车上装。强壮的身躯，结实的肌肉，以及憨实的笑容，展示出真切鲜活的农民形象。画风朴实，散发着浓郁的泥土气息。圭亚那位于南美洲东北部，属热带雨林国家，甘蔗是其主要农作物之一。公元9世纪起印第安人在此定居。

5. 油画《春日》

纵101.1厘米，横61.5厘米

1995年9月，阿塞拜疆妇女代表团赠全国人大常委会副委员长陈慕华。

作品描绘春光明媚、鲜花遍野的美丽图景。近景是一棵老树枝干，弯曲虬劲，长出新芽；远景有一片林木，发出新绿，笔直参天；一轮红日，阳光普照；山花烂漫，开满原野。一幅生机勃勃的春日图，象征着美好的希望和真诚的祝愿。

6. 布面钢笔画《风景》

纵66厘米，横32厘米

1972年9月，伊朗法拉赫·巴列维王后赠国务院总理周恩来。

7. 水彩画《猎象》

纵59.7厘米，横78.5厘米

1966年3月，巴基斯坦拉瓦尔品第市政府赠国家主席刘少奇。

　　作品描绘一幅猎象场景。蓝天白云下，武士们策马持矛，围捕大象。有的跃上象背，给大象套索；有的将长矛刺进象鼻。大象奋力挣扎，把长牙刺进马背。它晃动身躯，扬起蹄子，欲把背上的人甩掉。另一头大象在逃跑，它背上的武士扭头呼叫。远处，一个贵族骑在白马上坐阵；一个头领在负责指挥。作品情节生动，刻画细致，扣人心弦。

8. 水粉画《织毯图》

纵84厘米，横112厘米

1975年4月，突尼斯总理努伊拉赠国务院总理周恩来。

　　作品表现两个身着民族服装的突尼斯妇女，对坐在门口地毯上，专心致志地织毯。门外是蔚蓝的天空和碧绿的大海，海天相接处耸立着突尼斯最高峰舍阿奈比山。画面色彩艳丽，层次清晰，具有浓郁的北非特色。突尼斯是非洲大陆北端国家。北、东两面濒临地中海，隔突尼斯海峡与意大利相望。

9. 象牙板细密画《打马球》

纵15.8厘米，横30.5厘米
1974年11月，伊朗科学家沙瓦哈特赠中共中央主席毛泽东。

作品表现了打马球的场面。马球源于公元前525年的波斯(今伊朗)，后传入中国。
细密画是13～17世纪流行于伊朗手抄本封面、扇面、插图等的微型画。题材多为人物
肖像、图案、风景或风俗故事。多采用矿物质颜料。笔触细腻工整，色泽鲜艳堂皇。
细密画曾分别受到西方和中国绘画的影响，因而形成了不同的阶段和流派。

10. 刺绣《耕种收获图》

纵74.5厘米，横121厘米

1995年1月，孟加拉海军参谋长伊斯拉姆少将赠总后勤部部长傅全有上将。

11. 刺绣《乡村风景人物图》

纵61厘米，横103.7厘米

1966年11月，几内亚政府经济代表团赠国务院总理周恩来。

　　作品表现几内亚乡村人文和自然图景。近景为高大的椰树，树上有人在采椰子。画面左侧，一个农妇在井边打水；一个农妇手拃篮筐。画面右侧小河边，四个农妇或洗漱，或洗衣，或牵着孩子过河。远景是热带乔木和村庄。作品构图错落有致，色彩淡雅丰富，工艺精致细密，散发着宁静甜美的生活气息。

12. 麦秸画《顶水妇女》

纵44.5厘米，横35.3厘米

1965年3月，阿尔巴尼亚政府赠国务院总理周恩来。

　　画面以红、绿和黄色为主调，表现傍晚时分阿尔巴尼亚妇女从河边汲水归来的情景。天空晚霞缤纷绚丽，霞光染红了青山，河面碧波荡漾，岸边的房子和树木，被晚霞勾勒出明亮的轮廓。顶水妇女身着民族服装，左手扶着水罐，体态娉婷，走在大自然如画的美景中。

13. 刺绣周恩来总理像

纵130厘米，横86厘米

1964年2月，索马里首都摩加迪沙市民赠国务院总理周恩来。

14. 毛织画《中吉边界风景》

纵75厘米，横90厘米

1995年9月，吉尔吉斯斯坦妇女代表团赠中华全国妇女联合会。

　　作品表现中吉边境天山山脉壮丽雄伟、宁静致远的自然景象，突出了中吉两国山川相连、睦邻友好的鲜明主题。吉尔吉斯斯坦为中亚内陆国，位于天山山脉西段和帕米尔高原。境内多山，90%的领土在海拔1500米以上。天山山脉贯连中国新疆和吉尔吉斯斯坦东北部，全长2450千米，东段在中国境内，西段1200千米在吉尔吉斯斯坦境内。

15. 皮画《马头像》

纵70厘米，横50厘米
1986年3月，索马里政府赠国家主席李先念。

　　作品用不同颜色的马和牛的袭皮、光皮拼接而成。其形象生动逼真，色调准确自然，表达出作者对阿拉伯马的赞美和喜爱之情。阿拉伯马体形优美，体格中等，结构匀称，运步有弹性，气质敏锐而温顺。遗传性好，世界上许多马种，如英国纯血马、盎格鲁阿拉伯马都有它的血统。畜牧业为索马里最重要的产业部门和主要经济支柱。

16．布面岩画临摹

纵79厘米，横63厘米

1983年11月，圭亚那总统伯那姆夫人赠全国政协主席邓颖超。

　　这是一幅临摹古代岩画的作品，反映了玛雅文化的特色。圭亚那位于南美洲北部，受到中美洲玛雅文化的影响。该文化形成于大约公元前2500年，公元3～9世纪为繁盛期，15世纪衰落，最后为西班牙殖民者摧毁，湮没在热带丛林中。玛雅人崇拜自然神，太阳神居于诸神之上，被尊为上帝的化身。行祖先崇拜，相信灵魂不灭。

17. 五彩瓷花卉挂屏

纵109厘米，横64厘米

1971年7月，阿尔及利亚外交部长布特弗利卡赠国务院总理周恩来。

　　礼品由28块彩绘瓷砖镶嵌而成，画面为阿拉伯图案中经典的植物卷草纹，花朵、嫩叶点缀其中，纷繁斑斓，具有独特的韵律之美。伊斯兰瓷砖镶嵌艺术传统深厚，享有盛誉。或重彩或淡雅的瓷砖画被清真寺广泛用作壁面装饰，其魅力并非单独存在，而是与所附属的建筑及装饰物本身联系在一起，被誉为"永恒的绘画"。

18. 诗文书法挂屏

纵21.8厘米、横41.8厘米
1966年4月，阿富汗赫拉特市礼拜五清真寺赠国家主席刘少奇。

　　赫拉特城历史上曾是伊斯兰文化的中心。这里清真寺布满全城。其中，修建
于公元1200年的礼拜五清真寺是伊斯兰教，特别是什叶派的圣地。

19. 锡版浮雕人物画

纵57.7厘米，横83厘米

1978年11月，马来西亚总理侯赛因赠国务院副总理邓小平。

诗舞凝化·雕塑

1. 银骑骆驼武士像

高38厘米，宽36厘米
1984年5月，尼日尔国家元首孔切赠中共中央顾问委员会主任邓小平。

　　这件银雕以抽象的艺术手法，表现一位古代骑驼武士的英姿。武士全身披甲，腰挎长剑，左手拿盾，右手持矛。盾牌上剑矛交叉图纹是撒哈拉游牧民族的标志，也在尼日尔国徽上出现。尼日尔位于撒哈拉沙漠南缘，是连接北非和撒哈拉沙漠南部地区的枢纽国。骆驼既是当地居民重要的交通工具，也曾是古代部落间相互征战的坐骑。

2．银雕骑骆驼武士像

高17.8厘米，宽16厘米
1984年3月，约旦国王侯赛因赠国家主席李先念。

　　这件银雕塑造一位阿拉伯武士骑骆驼的形象。武士头缠长巾，身穿长袍，足蹬皮靴，斜背步枪，手执缰绳，使人领略到独特的沙漠风情。约旦位于亚洲西部，属阿拉伯高原的一部分，沙漠占全国面积80%以上。被誉为"沙漠之舟"的骆驼，成为当地人主要的骑乘工具和最为重要的驮畜，发挥着其他家畜及交通工具难以替代的作用。

3. 铜铸骑士像

高90厘米，宽82厘米
1973年3月，喀麦隆总统阿希乔赠国务院总理周恩来。

　　铜雕塑造一位古代武士驭马腾跃的形象。武士手持长矛，跨坐马背，战马扬蹄，发出嘶鸣，艺术效果颇为壮观。喀麦隆位于非洲中部，有着悠久的艺术历史，并具有较高水平。其雕刻体积庞大，构图大胆，简洁有力，充满戏剧性和动感，但不讲究比例匀称。人物头像颇有特点：两颊圆鼓，双目圆睁，嘴唇张启，充满昂扬的激情。

4. 铜雕《奥巴与两个侍从》

高39.5厘米, 宽31厘米
1978年10月, 尼日利亚军事长官赠国务院副总理耿飚。

　　这件铜雕按照17世纪贝宁王国一件青铜饰板仿制。奥巴(即国王)头戴王冠, 身着华服, 威严地端坐正中; 两个侍从跪在左右, 扶着奥巴的手臂, 表示崇敬和忠心。尼日利亚位于西非东南部, 以其著名的诺克、伊费和贝宁文化享有非洲"文化摇篮"的美誉。贝宁王国建于14世纪前, 其文化以铜雕、牙雕、木雕等精美的艺术品闻名。

5．青铜母后头像

高32厘米，宽12.2厘米
1974年9月，尼日利亚政府首脑戈翁将军赠国家代主席董必武。

　　这件头像仿自16世纪初贝宁著名的《母后头像》。原件为贝宁早期青铜雕刻品，充满着一种现实主义的基调。人物脸部光洁细腻，具有丰富的光影变化，显得生机盎然。凝视的目光和紧闭的嘴唇，深刻地揭示出母后丰富的精神世界。头像表达出一种豪华、威严之感，锥形发饰上的网纹图案和颈上的串珠项圈，使整个形象庄严肃穆。

6．青铜奥巴像

高61.51厘米，宽16厘米

1973年4月，尼日利亚外交部长阿里克波博士赠国务院总理周恩来。

7．铜雕《国王出巡》

长67厘米，宽30厘米，高16.5厘米
1984年12月，贝宁总统克雷库赠国务院副总理田纪云。

　　这件群雕根据贝宁王国著名的青铜雕像仿制，表现三百年前阿波美国王出巡的宏大
场面。15～16世纪，贝宁艺术达到了鼎盛。贝宁青铜雕刻艺术是奥巴的宫廷艺术，它主
要表现皇家题材，歌颂王宫贵族，颂扬奥巴的权力，以及塑造他们的武士和盟友形象。

8. 姆比古石雕老人像

高43厘米，宽18厘米

1983年10月，加蓬总统邦戈赠中国政府。

9. 姆比古石雕女子坐像

长18厘米，宽12.5厘米，高30厘米
1974年10月，加蓬总统邦戈赠中共中央主席毛泽东。

　　这件石雕塑造了一位黑人劳动妇女的形象。人物双手抱臂，坐在石头上歇息，像是刚刚结束繁重的劳作。健壮的身躯，张扬着勃勃的生命力。在加蓬南部城市姆比古，盛产一种"质如蜡，重如大理石"的石料，非常适于雕塑。加蓬独立后，政府在这里建立了石雕艺术村，专门从事石雕的创作。

10．黄杨木雕舞女像

高90厘米，宽12厘米
1965年5月，印度尼西亚第一副总理兼外交部长苏班德里约博士赠国务院副总理兼外交部长陈毅。

礼品表现印尼巴厘古典舞的独特风采。巴厘岛人民有着悠久的音乐舞蹈传统，在集会或节日里表演舞蹈，成为风俗习惯。由于受印度文化的影响，舞蹈内容大多取材于印度史诗《罗摩衍那》和《摩诃婆罗多》。舞蹈的基本造型是保持腰、臀的侧曲，眼睛左顾右盼，手掌随音乐左右摆动，手指颤动。印度尼西亚的古典雕刻艺术有着1000多年的历史。

11. 木雕祈福像

左：高27厘米，宽16厘米；右：高30厘米，宽16厘米

1997年4月，印度尼西亚总统行宫赠国务委员兼国务院秘书长罗干。

　　这对身着传统服装、虔诚祈祷的幸福之神，相传曾是古代国王的一双儿女。哥哥因违抗父亲的结婚之命被逐出家门，妹妹为寻找哥哥亦离家出走。国王非常恼火，遂将兄妹诅咒成燕子和蛇。他们变身后，帮助农民消灭田间害虫，终于感动上天被恢复人形，兄妹分别成为衣着之神和稻谷之神。从此，他们在人间播撒幸福，百姓丰衣足食，国泰民安。

12. 乌木镂雕人物群像

高42.5厘米，宽13厘米
1988年6月，坦桑尼亚革命党总书记卡瓦瓦赠中共中央政治局常委江泽民。

　　这件群雕表现马孔德人一个家庭或族群劳动生活的情景。群型乌木雕的特征是把几个、十几个乃至上百个人物摞叠雕刻于一个木段上。这类雕刻多采用深浮雕形式将人物雕刻在树段的周围。也有做成镂空形式，人物更富立体感。马孔德人自古就有"男人从雕"的习俗，其乌木雕刻以朴实的风格、奇特的想象力和朴实的美感，蛮声整个世界。

13. 乌木雕群像

高40.5厘米，宽31.5厘米
1978年5月，莫桑比克总统萨莫拉赠国务院副总理王震。

14. 乌木雕双人立像

左：高34.5厘米；右：高27厘米

1978年8月，马里外交和合作部长贝耶赠中国政府。

　　这件雕像表现黑非洲一个女子引领一个老者共同前行的形象。女子头顶水罐在前，老者手搭女子的肩在后。马里的木雕艺术属西非流派，其作品雕工细腻，构图富有情趣，充满想象力，以风格活泼和写实而闻名。马里是西非的文明古国，历史上曾是非洲第一个统一的黑人王国——马里帝国的中心。

15．乌木雕老人胸像

高62厘米，宽33厘米

1965年3月，几内亚总统塞古·杜尔赠中共中央主席毛泽东。

  雕像为一位头戴穆斯林礼拜帽，身着阿拉伯长袍的老者。他面庞瘦削，双目矍铄，鼻梁高挺，厚唇紧闭，宽额上皱纹深陷，络腮胡子垂于胸前。作品通过对人物头像的精雕细琢，充分地表现了人物的精神世界，成功地塑造了一个刚毅智慧，历经岁月沧桑的老人形象。

16. 黄木雕女猎人立像

高55厘米，宽28.5厘米
1981年4月，塞拉利昂总统史蒂文斯赠中国政府。

　　这件木雕取材于塞拉利昂人民的日常生活，表现一位女猎人打猎归来的形象。女猎人手持猎棍，肩负猎物，步履有些沉重，但脸上仍然流露出一种收获的满足。作品展示了非洲妇女健壮的体魄和吃苦耐劳的风貌。塞拉利昂位于非洲西部，西濒大西洋，经济以农业和矿业为主，被称为"钻石之国"。

17．木雕跪女像

高44厘米，宽26.5厘米
20世纪50年代，乍得青年组织赠共青团中央。

　　非洲黑人大都信奉原始宗教，崇拜生命力，这种信仰在其木雕艺术中有着广泛而深刻地体现。这件木雕反映了人们对生育之神的崇拜。女人呈半蹲姿态，突出的乳房夸张地伸向前方，暗示着人类的生育繁衍，同时又是母权的象征。其雕刻手法夸张变形，节奏富于变化，显示了非洲木雕艺术的独特魅力。

18. 乌木雕女人胸像

高45厘米，底径18.2厘米
1960年9月，几内亚总统塞古·杜尔赠中共中央主席毛泽东。

19. 乌木雕顶罐妇女像

高62.7厘米，宽12.5厘米
1980年7月，马里总统特拉奥雷赠国务院副总理邓小平。

　　这件木雕取材于马里的日常生活，表现一位黑人妇女头顶水罐，款款而行。马里是非洲西部撒哈拉沙漠南缘的内陆国，水资源缺乏，承担家务的妇女们常常要从很远的地方汲水以供家用。马里妇女大都壮健能干，她们习惯头顶什物行走。在负重顶物时，她们先把辫子盘起来，或用长布带盘成一个布盘，以便垫放东西，防止重物滑落。

20．木雕双鸡搏斗像

高21.5厘米，宽27.7厘米
20世纪50年代，印度尼西亚青年组织赠共青团中央。

　　这件木雕表现一幅扣人心弦的斗鸡场面。两只斗鸡紧紧撕咬在一起，厮斗得难解难分。生动逼真的造型，使人仿佛身临这场生死搏斗，感受鸟类的原始本性。斗鸡是一种古老的民间游戏，至今仍在许多国家流行。在印度尼西亚巴厘岛，斗鸡成为当地文化的一部分。

21．木雕变形鸟

高39厘米，宽15厘米
1987年6月，科特迪瓦国务部长阿利亚利赠中共中央。

　　这件木雕是科特迪瓦鲍勒族的作品，姿态与站立人像相似，为部族图腾崇拜的偶像。科特迪瓦位于非洲西部几内亚湾北岸，旧称"象牙海岸"。在11世纪，这里就已经形成了许多独立的王国。鲍勒族是科特迪瓦最大的部族之一。在鲍勒族雕刻中，象征寓意的装饰风格代替了凶恶恐惧的野兽形象。他们的雕像特点为：姿态肃穆雅静。

22．牙雕奔扑双狮像

高6.8厘米，长35厘米

1965年2月，坦桑尼亚总统尼雷尔赠国家主席刘少奇。

23．牙雕少女胸像

高55.3厘米，底径12.9厘米

1960年9月，几内亚总统塞古·杜尔赠中共中央主席毛泽东。

作品利用象牙的自然形状，竖雕出一位科尼亚克少女的形象。人物脸庞圆润，五官秀美，双眸中透出一股沉静端庄的气质。她头上的鸡冠发型，反映了几内亚科尼亚克人的一种传统观念。科尼亚克人崇拜公鸡，认为公鸡是力与美的化身。因此他们把头发梳成鸡冠的形状，作为本部族的标志，以示自豪与骄傲。

24. 青铜错银鹿像

高72厘米，宽43厘米
1965年，摩洛哥国王哈桑二世赠国务院副总理兼外交部长陈毅。

　　雕像以写实手法塑造了一头可爱的小鹿形象。它昂首前视，脖颈呈优
美的 S 形，前腿直立，后腿弯曲，造型动静结合，曲直有度。其周身满布
的卷曲纹饰，由细如毫毛的银丝镶嵌而成，具有浓重的装饰效果。摩洛哥
是历史悠久的文明古国之一，其传统金属工艺品蜚声世界。

火土生花・陶瓷

1. 陶彩绘茶具

单耳盖壶：高23厘米，口径4.2厘米；杯子：高6厘米，口径7.5厘米
1977年4月，圭亚那总统阿瑟·钟赠全国人大常委会副委员长乌兰夫。

　　壶身主题图案为美洲虎形象；杯子纹饰以现实生活为题材，包括狩猎、捕鱼、耕作、演奏、贸易、宗教仪式等。在印第安人神话中，美洲虎是人与自然诸神、天神和地神之间的中间人。这些神灵往往具有猫科动物的习性。太阳神把太阳和黄金的颜色赋予了猫科动物，使它们成为自己在人世间的代表。因此，美洲虎成为王权与神权的象征。

2. 瓷茶具

壶：高18厘米，口径9厘米；罐：高13.5厘米，口径9.2厘米；
杯：高9厘米，口径6.4厘米
1994年1月，阿塞拜疆外交部长哈桑诺夫赠国家副主席荣毅仁。

　　茶杯敞口束腰，上薄下厚，是阿塞拜疆特有的"梨杯"。阿塞拜疆人喜欢热饮，这样的茶杯上部传热快，下部又能很好地保温。阿塞拜疆位于亚洲西部外高加索地区，19世纪中期开始种茶。茶园主要分布在里海沿岸的连科兰、阿斯塔拉等地区。茶叶生产以红茶为主。在阿塞拜疆，人们的生活无不与茶为伴，茶也是社会生活方式的一种表达。

3. 瓷彩釉恋人像

高21.2厘米，宽21厘米
1965年4月，埃及政府赠国务院副总理兼外交部长陈毅。

　　礼品塑造了一对身着传统阿拉伯大袍，相依相偎，脉脉含情的恋人形象。造型优
美动人，釉色温润晶莹，富有温馨浪漫的情调。

4. 瓷彩绘单耳罐

高9.5厘米，口径5厘米

1956年7月，突尼斯突中友好协会赠中国学生代表团。

5. 瓷蓝釉舞蹈图案长颈瓶

高36.5厘米，口径5厘米

1965年7月，印度尼西亚印中友协赠国务院总理周恩来。

6. 彩陶罐

高13厘米，口径12.5厘米
1977年4月，圭亚那总统阿瑟·钟赠国务院副总理李先念。

　　陶罐折肩，刷棕色陶衣。自口沿到肩部，用黑白两色彩绘抽象的鸟纹，具有质朴
的装饰意味。印第安人的陶器工艺独具风采。无论是器形设计的丰富变化，还是纹样
装饰的奇异莫测，都堪与欧亚古代一些民族的陶器工艺媲美。自公元9世纪，圭亚那就
有印第安人居住，民间艺术因袭了古老的传统。

7. 白釉彩绘人物圆盘

直径24厘米，高3厘米

1962年5月，约旦友人赠中国政府。

8. 五彩牛头纹椭圆盘

长径46厘米，短径39厘米，高5厘米
20世纪50年代，约旦政府赠中国政府。

鋈煅华章 · 金工

1. 锡咖啡具

盘：直径31.5厘米，高2厘米；大执壶：高14厘米，口径8.9厘米；
小执壶：高7.5厘米，口径5.7厘米；罐：高7.5厘米，口径5.7厘米
1974年6月，马来西亚总理拉扎克赠国务院总理周恩来。

　　这套锡制咖啡具素面无纹，光可鉴人。马来西亚是世界上最大的锡
生产国，锡器含锡量可高达97%，高锡含量可使器物表面平滑、细腻。
在马来西亚，工艺最好的锡制品当属皇家雪兰莪公司的产品。该公司创
立于1885年，号称是"世界最大的锡器制造厂"，有些工艺仍保留传统
的手工制作方式。

2．银鏨花咖啡具

大执壶：高21厘米，口径6.7厘米；小执壶：高19厘米，口径5.7厘米；
罐：高13厘米，口径7.5厘米
1972年11月，黎巴嫩外交部长哈马德赠国务院总理周恩来。

　　这套咖啡具造型风格统一。盖钮为雪松状，器表鏨满梅花等纹饰，意味
深长。雪松是黎巴嫩的国树，代表坚忍不拔的斗争精神和人民的力量，象征
纯洁和永生。梅花斗雪吐艳，凌寒留香，是中华民族的精神象征。黎巴嫩人
钟爱咖啡，每天喝一杯土耳其咖啡是绝大多数黎巴嫩人最大的享受。

3．银錾花香熏炉

高28.5厘米，宽8.5厘米

1966年9月，巴基斯坦东巴省省督赠国务院副总理兼外交部长陈毅。

　　这件香熏炉造型优雅，做工精细，花纹精美。其制作工艺以花丝工艺为主。熏香是流行于阿拉伯国家的习俗，在家庭和清真寺里常用，可以镇静安神。使用方法是：先点燃香炉或小火炉，然后在上边放一种或多种香料，燃烧时没有火焰，芳香四溢。在清真寺诵读经文或念祷词时，点起熏香，可使人平心静气，心旷神怡。

4．带盘香熏炉

高16.5厘米，口径7.4厘米

1974年3月，科威特国民议会议长哈立德·萨利赫·古奈姆赠国务院总理周恩来。

5. 铜鏨花罐

高19.5厘米，口径14.5厘米
1972年5月，叙利亚副总理兼外交部长哈达姆赠国
务院总理周恩来。

    在伊斯兰国家，金工技术和艺术水准均登
峰造极。在雕刻、压花等装饰技术中，镶嵌技
术最为重要，即将金、银或铜丝填充在金属片上
的沟槽中，然后锤平并加以打磨，直到其表面十
分光滑为止。一些华丽的家用器物表面布满藤蔓
花纹、几何图案和铭文，有时也划分成若干装饰
区，以生动的姿态塑造出程式化的形象。

6. 银镀金鏨花盖罐

高12.5厘米，口径14厘米
1985年7月，土耳其总理厄扎尔赠中共中央顾问委员会主任邓小平。

7. 铜雕花长颈执壶

高56.7厘米，口径6.8厘米，宽37厘米
20世纪60年代，巴基斯坦友人赠国务院副总理兼外交部长陈毅。

　　巴基斯坦盛产铜矿。在其种类繁多的手工艺品中，铜器最具代表性。手工艺人通过融炼、制模、打磨、刻花、上彩等工艺，将普通的铜变成一件件精美绝伦的工艺品。几百年前，土耳其和伊朗开始了石雕，继而在铜的表面上雕刻，这种雕刻技术经北印度流传到巴基斯坦。雕刻而成的瓶、壶、盘以及各种造形的动物，形象逼真，栩栩如生。

8. 铜雕花执壶

高49厘米，口径6.7厘米
20世纪60年代，阿尔及利亚阿尔泽县长赠国务院副总理兼外交部长陈毅。

　　这种执壶为阿拉伯国家传统咖啡器具。公元1000年左右，咖啡由阿拉伯商人从埃塞俄比亚带回并引种成功后，很快成为人们生活中的主要饮料。亲朋聚会时，好客的主人往往也会以色浓味香的咖啡招待客人。

9. 银单耳执壶

高31厘米，口径7厘米
1994年9月，巴林协商委员会主席易卜拉辛·哈
迈丹赠全国人大常委会委员长乔石。

10. 银镀金执壶

高31厘米，口径8.3厘米
1988年8月，卡塔尔政府特使、副外交大臣哈马德赠国务院总理李鹏。

　　执壶主要用来盛放咖啡等饮料。其造型优雅，雍容大度，既受欧洲传统饮具的影响，又具有浓郁的阿拉伯风格。卡塔尔位于波斯湾西南岸卡塔尔半岛上。殷勤好客是卡塔尔人的特点。每逢宾客临门，他们总要为客人煮香浓的咖啡。有时还要在咖啡中加拌一些芳香的桂花、豆蔻或滴些玫瑰水，以使味道更加甘美可口。

11. 银珐琅镶珊瑚手镯

直径6.3厘米，宽2.8厘米
1964年12月，阿尔及利亚游览部长乌兹加尼赠国家主席刘少奇。

　　手镯施蓝、黄、绿色珐琅釉，鲜艳的红珊瑚点缀其中，色调明快，富丽雅致，散发出悠远文化和古老技艺的迷人魅力。阿尔及利亚北濒地中海，产自该国海域的红珊瑚质地莹润，色泽鲜红。镶嵌有红珊瑚的各色首饰是阿尔及利亚妇女十分钟爱的传统装饰物，象征平安、富贵与吉祥。

12. 银錾花嵌宝石椭圆盒

长24厘米，宽18厘米，高11厘米
1964年11月，阿富汗国王查希尔·沙阿赠国务院总理周恩来。

13. 银镶料石罐

高11.5厘米，口径8.2厘米

1964年12月，阿尔及利亚游览部长乌兹加尼赠国家主席刘少奇。

14. 银嵌孔雀石沙特地图长方盒

长19.2厘米、宽14.2厘米、高5厘米
1986年4月，沙特阿拉伯政府赠中国政府。

　　盒面中心镶嵌孔雀石制沙特地图。其上标有首都利雅得、麦加、麦地那和"夏都"塔伊夫的位置。沙特位于亚洲西南部的阿拉伯半岛，是伊斯兰教的发源地，也是伊斯兰教两大圣地所在地。公元7世纪，穆罕默德在麦加创立了伊斯兰教。其继承人统一了阿拉伯半岛，成为横跨欧、亚、非三洲的阿拉伯帝国。中国史书称"大食"。

15. 银掐丝椭圆盘

长径32厘米，短径25.5厘米，高1.8厘米

1989年9月，孟加拉国总统夫人罗珊·艾尔沙德赠国务院总理李鹏。

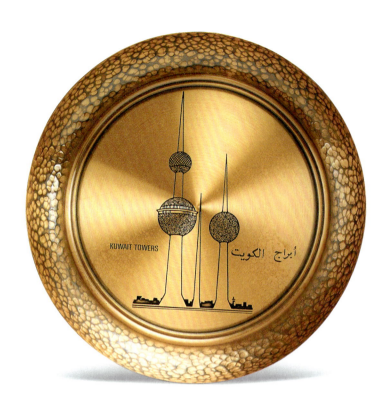

16. 红铜大塔纹圆盘

直径22.7厘米，高2.6厘米
1981年，科威特大塔经理赠中国妇女代表团。

　　圆盘上錾刻科威特大塔图案。在塔底地平线上，雕刻隐约可见的屋舍和树木，巧妙地衬托出大塔的巍峨秀美。科威特大塔由3座造型各异的塔组成。主塔高187米，直径32米，由两座球型建筑串成，分别象征地球和月球。大球除容纳100万加仑水外，还有一个可容纳500人的餐厅和一个花园。它高耸挺拔，擎天而立，曾被评为第一届阿卡·汗奖的"探索建筑创新奖"。

17. 银掐丝珐琅花卉纹圆盘

直径27.9厘米，高4.2厘米
1966年3月，巴基斯坦西巴省省督赠国家主席刘少奇。

18. 铜錾花鸟纹圆盘

直径52.5厘米，高1.7厘米
1984年3月，土耳其哈立特帕大学校长赠国家主席李先念。

19．铜镀金雕花圆盘

直径65.8厘米，高3.7厘米

1963年12月，突尼斯总统布尔吉巴赠国务院总理周恩来。

　　盘心为一团卷草纹。其外围划分两组区域，分别錾刻卷草纹
与阿拉伯文字。盘沿錾刻卷草纹和果实纹，与盘中央主题纹饰相
呼应。

20. 铜錾凤纹花边圆盘

直径39.2厘米，高2.5厘米
1992年7月，亚美尼亚总理兼副总统阿鲁秋尼扬赠国务院办公厅主任罗干。

　　圆盘中央錾刻一对正在觅食花果的神鸟凤凰。它们有尖尖的长喙，优美的长颈，飘逸的长尾，姿态雄健。一只在上，引颈展翅；一只飞落，侧身顾望。盘缘錾刻卷草花边，增加了圆盘的华美。凤凰是中国神话传说中的百鸟之王。凤凰齐飞，代表幸福的灵物，是吉祥和谐的象征。

21. 银雕花单耳油灯

高7.9厘米，口径2厘米
1960年10月，阿尔及利亚总理阿巴斯赠国家主席刘少奇。

　　油灯制作秉承古老技艺，造型典雅优美，琵琶形灯体和半圆鸟形把手令整个油灯稳重端庄，舒展流畅，富有浓郁的阿拉伯韵味。壶形油灯造型源自西亚、北非地区，是该地区具有代表性的传统工艺品。阿尔及利亚是非洲古老国家之一。历经千年衍生出的传统文化及地区特色，造就出阿尔及利亚手工艺品绚丽缤纷的色彩。

22. 银掐丝镶金盒

长8.4厘米，宽6厘米，高7.5厘米
1966年4月，阿尔巴尼亚党政代表团赠国务院副总理兼外交部长陈毅。

　　银盒轻巧华丽，用缕缕银丝经盘曲、掐花、填丝、堆垒等传统方法设计制作，精美的镀金纹饰使整件器物熠熠生辉，尽显高雅华贵之美。公元395年，阿尔巴尼亚被并入拜占庭帝国版图。拜占庭帝国金属工艺非常发达，特别是金银器制作精美无比。阿尔巴尼亚银器制作承袭了其精致的艺术风格，具有久远的历史。

23. 银夏利玛公园模型

高25厘米，底座长42厘米，宽35.5厘米
1981年6月，巴基斯坦拉合尔市政府赠中国政府。

　　夏利玛公园位于巴基斯坦文化古都拉合尔市郊，修建于1642年，园内巧妙地汇集了自然界不同风格的景观，形成建筑典雅、环境迷人的皇家娱乐场所和行宫御园，是世界上罕见的伊斯兰庭园之一。被誉为巴基斯坦历史上沙·贾汗皇帝时期莫卧尔王朝灿烂文明的杰出代表，1981年被联合国教科文组织列为世界文化遗产与自然遗产保护名录。

经纬古韵 · 染织

1. 毛织花卉纹地毯

长190厘米，宽123厘米

1997年6月，巴基斯坦参联会主席费提科哈尔·阿赫穆德·科罗希上将
赠中央军委副主席刘华清。

2. 毛织缠枝花纹地毯

长280厘米，宽185厘米
1965年3月，巴基斯坦总统阿尤布·汗赠国家主席刘少奇。

　　地毯中央有一个大的团花，四角各有团花图案的四分之一。边饰则由几个不同宽度的平行饰带组成。公元8世纪，在埃及、亚美尼亚等地区就已出现织毯制造业。织毯对于穆斯林来说具有特殊意义。穆斯林每天五次做功是在毯子上完成的。有人甚至把毯子视为接近神灵的天阶。织毯兼具垫、盖、挂等多项功用，是他们必不可少的生活用具。

3. 毛织几何纹地毯

长189厘米，宽133厘米
1964年11月，阿富汗国王查西尔·沙阿赠国家主席刘少奇。

　　地毯用红、黑、白等三色线织有椭圆形、菱形、三角、多边等几何图案。这些圆中有方，方中见圆的循环变换的组合形式，构成了千变万化、精美玄妙的纹样。古代伊斯兰地区盛产羊毛和棉花。丰厚的资源和广泛的应用领域，保证并刺激了织毯技术的发展。位于阿富汗西北部的赫拉特城，其地毯制造业颇具知名度。

4. 毛织花卉纹地毯

长194厘米，宽125厘米
1982年12月，土耳其总统埃夫伦赠中共中央顾问委员会主任邓小平。

　　地毯的中部和边缘细分成重复出现的几何图形，其中填充程式化的藤蔓花纹。伊斯兰织毯多以红、黄、蓝等纯度较高的颜色为主调，构图密不透风、屑小的纹样点缀其间，形成强烈的动感。伊斯兰织毯中的植物纹，反映了穆斯林对鸟语花香、绿荫密布的人间天堂的向往，以及他们在气候干旱、植被稀少的自然环境中形成的自然观。

5. 毛织卡瓦瓦地毯

长285厘米，宽196厘米
1966年4月，阿尔巴尼亚党政代表团赠中共中央总书记邓小平。

6. 丝织花卉几何纹挂毯

长158厘米，宽102厘米
1975年5月，伊朗公主阿什拉芙·巴列维赠国务院副总理李先念。

　　伊朗地毯已有2000多年历史，在国际上享有盛誉。其一大特色是从天然植物和矿石中提取染料，染色经久不褪。以抽象的植物、阿拉伯文字和几何图案进行构图。多用纯羊毛、棉丝或棉线织成，图案优美，工艺精湛。地毯的图案多取材于阿拉伯人喜欢的玫瑰花、郁金香和波斯梨花等。伊朗地毯强调手工编织，一块传统地毯需花14～18个月才能完成。

7. 毛织褡裢

长120厘米，宽55.5厘米
1966年4月，阿富汗赫拉特省省长赠国家主席刘少奇。

　　这件褡裢用毛线手工编织而成，规整的几何纹样，配以色彩绚丽的线条，富有浓郁的民族特色。褡裢是一种用粗棉、毛线手工编织的旅行袋，中间开口，两端装东西，口边留有绳扣，可以串连成锁，结实耐用。若步行则搭在肩上；若骑乘，则搭在牲畜背上。其色彩对比强烈，绚丽夺目。搭在肩头，犹如彩云落肩，美不胜收。

8. 毛织五彩人物挂毯

长148厘米，宽78厘米
1972年8月，突尼斯政府赠中国政府。

9. 紫红金丝线沙笼

长370厘米，宽100厘米
1973年6月，马来西亚总理拉扎克赠中国政府。

　　沙笼，即筒裙，流行于马来西亚、印尼等东南亚国家。色彩绚丽，长达足踝，深受当地妇女的喜爱。纱笼可用各种布料，其中以马来西亚传统手工蜡染布巴迪布最为著名。其制作工序是：先以蜡在丝或棉布上打底，然后染色、晾干、设计，再将布料煮沸。图案有花卉、蝴蝶、飞鸟、几何图形等。设计别致，极具特色。

10. 阿拉伯呢袍

长143厘米，宽166厘米
1969年5月，叙利亚总参谋长穆斯塔法·塔拉斯少将赠国务院总理周恩来。

　　这是一件男式秋冬季长袍。阿拉伯长袍是阿拉伯人的传统服装。古代阿拉伯人大都过着逐水草而居的游牧生活，他们的大部分时间都是赶着牛羊在漫无边际的大沙漠里或骑在马背驼背上度过的。这种服装可以遮挡风沙，也能防暑御寒。长袍大多是棉、麻、毛或丝织成的。袖子宽松而长，有的还绣有花边，装饰美观大方。

11. 黑绒银丝花上衣

长120厘米，宽65厘米
1969年5月，叙利亚总参谋长穆斯塔法·塔拉斯少将赠国务院总理周恩来。

　　这是一件女式春夏上衣。袖口和前后身等处用银丝线绣着漂亮的花纹，黑白两色对比，显得格外醒目。叙利亚位于亚洲大陆西部，地中海东岸，远在古代曾是东连波斯、印度和中国，西接欧洲的贸易枢纽。大马士革和阿勒颇的手工业曾因盛产丝、棉、毛织品和上等羊皮而闻名于世。

12. 民族服装

衬衣长69厘米；裙裤长121厘米，宽144厘米；披肩长136.5厘米，宽124厘米；
马甲长36厘米，宽46厘米

1960年6月，阿尔巴尼亚人民议会主席团主席哈奇 · 列希赠国家主席刘少奇。

    这套民族女装由纱质绣花衬衣、裙裤、披肩和天鹅绒绣金线马甲组成。阿尔巴尼亚民族服装绚丽多彩，因地区、年龄差异呈现不同的风貌，各式服装可达五百余种。他们自称"山鹰之子"，以刚毅、勇敢、酷爱自由著称，认为服装是民族的象征，因而像珍藏武器一样珍藏服装。

13. 民族鞋

长29厘米，宽8.4厘米

20世纪60年代，巴基斯坦青年赠国务院总理周恩来。

圣泽斑斓·贝雕

1．嵌螺钿萨赫莱清真寺模型

长40厘米，宽40厘米，高27.3厘米
1984年3月，约旦艾沙菲公司董事长赠国家主席李先念。

　　萨赫莱清真寺是伊斯兰教圣地，位于耶路撒冷老城东部的伊斯兰圣地内。该寺建于691年倭马亚王朝，结构严谨，造型美观，充分反映了阿拉伯建筑艺术的优美特色。金光闪耀的穹顶，精雕细刻的石墙，显得雄伟庄严，富丽堂皇。在伊斯兰教中，贝壳被视作具有神秘力量的圣洁之物。用贝片镶饰器物，是巴勒斯坦、约旦等国的传统工艺。

2. 嵌螺钿萨赫莱清真寺图案长方盒

长26厘米，宽18.3厘米，高9.5厘米
1984年8月，巴勒斯坦解放组织执行委员会
主席阿拉法特赠国家主席李先念。

3. 嵌螺钿萨赫莱清真寺图案长方盒

长26.1厘米，宽19.3厘米，高8.2厘米
1981年10月，巴勒斯坦解放组织执行委员会主席阿拉法特赠中共中央总书记胡耀邦。

萨赫莱，阿拉伯语意为"石头"，萨赫莱清真寺又名"岩石清真寺"。相传公元621年7月一个夜晚，伊斯兰教先知穆罕默德随天使乘飞马来到耶路撒冷，踏上一块岩石，登霄遨游七重天，接受了天启，黎明重返麦加。从此耶路撒冷成为伊斯兰教仅次于麦加和麦地那的第三圣地。穆罕默德登霄所踏的岩石成为圣石。

4. 嵌螺钿长方盒

长30.1厘米，宽12.1厘米，高5.8厘米
1980年8月，约旦全国协商会议主席艾哈迈德·马哈茂德·塔拉维奈赠全国政协主席邓小平。

5. 嵌螺钿萨赫莱清真寺图案长方盒

长26.2厘米，宽19.2厘米，高8.8厘米
1981年10月，巴勒斯坦解放组织执行委员会主席阿拉法特赠中共中央副主席邓小平。

6. 嵌螺钿椭圆挂牌

长径38.3厘米，短径28.3厘米

1996年11月，约旦参议院议长卢奇赠全国人大常委会委员长乔石。

挂牌上的建筑图案是约旦议会大厦。约旦是君主立宪国家，设参众两院，组成国民议会，最高权力掌握在以国王为首的哈希姆家族王室手中。约旦原是巴勒斯坦的一部分。最早的城邦建于公元前13世纪。

7. 铜胎嵌螺钿瓶

高90厘米，口径19.5厘米

1989年10月，巴勒斯坦解放组织执行委员会主席阿拉法特赠中共中央总书记江泽民。

冷锋暖情 · 刀剑

1. 犀角柄银鞘錾花腰刀

长33厘米，宽7.5厘米
1975年4月，阿拉伯也门政府代表团赠国务院总理周恩来。

2. 绿鞘腰刀

长32.5厘米，宽7.7厘米
1964年6月，阿拉伯也门总统萨拉勒赠国务院总理周恩来。

3. 银鞘錾花腰刀

长30厘米，宽6.5厘米
1974年11月，民主也门总统委员会主席鲁巴伊赠国务院副总理李先念。

　　这把腰刀弯曲成120度，犀牛角柄，在也门属最高贵的腰刀，只有地位显赫的贵族成员才有资格佩戴。也门腰刀制作已有2000多年历史，是也门古代文化的象征。其中萨那和塔伊兹的腰刀最负盛名。阿拉伯人认为，馈赠腰刀最能表达对朋友的忠诚和敬重。也门位于阿拉伯半岛西南端，是阿拉伯世界古代文明的摇篮之一。

4. 银镀金鞘腰刀

长30.5厘米，宽17.5厘米
1985年11月，阿拉伯联合酋长国副首相哈姆丹赠国务院副总理姚依林。

　　这把腰刀弯曲成90度，刀鞘以金银丝编织出精细纹饰，显得华丽高贵。阿拉伯腰刀呈弯月形，刀鞘上镶嵌精致的金饰或银饰，錾刻漂亮的图案。刀鞘上一般有七个饰环，两个用于连接腰带，五个作为装饰。腰刀是阿拉伯男子的重要饰物，象征勇敢和力量。阿联酋位于阿拉伯半岛东部，因盛产石油，故有"油海七珍"之誉。

5. 银雕花腰刀

长42.5厘米，宽11厘米

1982年2月，摩洛哥首相布阿比德赠全国人大常委会副委员长姬鹏飞。

6. 格利斯剑

长55厘米，宽15.5厘米
1964年10月，印度尼西亚外交部长阿卜杜加尼赠国务院总理周恩来。

　　格利斯剑在印度尼西亚人心目中具有崇高的地位，不仅是武器，还代表着权威与荣誉。其制作精美考究，剑刃通常由辈辈相传的铸剑师千锤百炼而成。剑柄、剑鞘用象牙、金银、珠宝等装饰，华美秀丽，璀璨夺目。印尼独立后，格利斯剑主要作为戏剧舞蹈中的道具和男子传统服饰的组成部分，成为印尼传统文化的象征。

7. 银镀金鞘腰刀

长99厘米，宽5.5厘米
1988年10月，巴勒斯坦解放组织执行委员会主席阿拉法特赠国家主席杨尚昆。

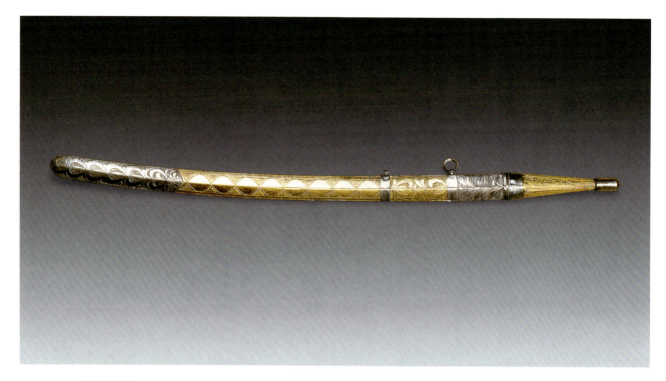

8. 银镶金鞘腰刀

长94.4厘米，宽4.5厘米
1978年7月，阿曼苏丹卡布斯赠中国政府。

9. 银镀金錾风景图案刀

长17.2厘米，宽2.2厘米
20世纪60年代，伊拉克友人努里赠国家主席刘少奇。

　　刀身錾刻伊拉克名胜古迹、河流、椰枣树等纹饰，分别代表伊拉克的历史文化、自然风光、物产资源等。伊拉克历史悠久，早在公元前4000年，底格里斯河和幼发拉底河流域就出现了灌溉农业，产生了文字，是世界古文明发祥地之一。公元前18世纪和前8世纪，巴比伦和亚述先后成为强盛的国家，社会经济繁荣，文化成就辉煌。

10．竹鞘骨柄刀

长66厘米，宽9厘米

1956年5月，印度尼西亚伊斯兰教协会主席哈里特赠国务院总理周恩来。

11．鎏金鞘佩刀

长105厘米，宽15.6厘米

1984年3月，约旦艾沙菲公司董事长赠国家主席李先念。

12. 象牙柄铜镀金戗花镶宝石腰刀

长55厘米，宽8厘米

1963年12月，摩洛哥国王哈桑二世赠国务院副总理兼外交部长陈毅。

　　这把腰刀为双刃，其上烙印摩洛哥国徽、阿拉伯传统纹饰和文字等图案；刀柄采
用象牙材质，镶有镀金国徽、橄榄枝叶等饰物；刀鞘弧度优美，通体戗繁丽花饰，镶
嵌宝石，体现了阿拉伯传统装饰艺术风格。腰刀是阿拉伯礼仪中常见馈赠物。阿拉伯
人认为，将华贵的腰刀赠送给贵宾，最能表达对朋友的友好、忠诚和敬重。

13. 木包铜镀金鞘蛇形剑

长48.3厘米, 宽19.5厘米

1965年3月, 阿尔及利亚政府赠国务院副总理兼外交部长陈毅。

异彩纷呈 · 杂项

1. 牙雕八象

长56.5厘米，高15厘米
1981年2月，苏丹第一副总统哈利勒赠全国人大常委会副委员长乌兰夫。

　　这件牙雕雕有八头首尾相连的大象。大象甩着长鼻的形象，是苏丹首都喀土穆的象征。喀土穆位于青、白尼罗河交汇处，为尼罗河中游和上游的分界点。因这块狭长地带颇似大象鼻子，因此得名"喀土穆"，意为"大象鼻子"。喀土穆由喀土穆、北喀土穆和恩图曼三镇组成，彼此有桥相通，形成苏丹最大的集合城市。

2．牙雕古船模型

长41厘米，宽9.5厘米，高31厘米
1984年10月，马尔代夫总统加尧姆赠国家主席李先念。

　　礼品象征中马两国友好交往的悠久历史。马尔代夫位于亚洲南部，是印度洋上的群岛国家。早在1000多年前，马尔代夫人就能制造和驾驭100多吨的帆船，往来于斯里兰卡、印度和马累之间。15世纪上半叶，郑和七下西洋时曾率领船队两度抵达马尔代夫。明朝永乐年间，马尔代夫国王优素福三次遣使来华。

3. 牙雕骆驼足花瓶

高32厘米，牙径15厘米
1964年5月，苏丹共和国武装部队最高委员会主席、部长会议主席阿布德赠国务院总理周恩来。

这件牙雕花瓶造型优美，构思巧妙。口沿为莲瓣形，瓶外壁浮雕果实累累的树枝和展翅飞来的鸟儿；三头牙雕骆驼背驮瓶体，呈三足鼎立之势；底盘为黑漆圆形木板，其边沿镶嵌象牙方块，既是点缀，也与器物主体相呼应。黑色木质增加了器物的稳重感，也与白色象牙形成强烈的色彩对比。

4. 牙镂雕花鸟图案台灯

高25.4厘米，口径14.7厘米
1964年2月，巴基斯坦卡拉奇达乌德纺织工厂赠国务院副总理兼外交部长陈毅。

这件牙雕灯罩巧妙地利用象牙天然形态，镂空雕刻出一幅花鸟图：在绽放的玫瑰花枝头，鸟儿在啄食叶子，一派和谐怡人的景象。其底纹细密剔透，花鸟纹连绵精美。木质底座共分三层，与牙雕灯罩浑然一体，显得自然和谐。整件作品用料考究，集艺术性和实用性于一体。

5.　木雕漆花纹高足杯

高47.8厘米，口径13.7厘米
1984年10月，马尔代夫总统加尧姆赠
中共中央顾问委员会主任邓小平。

6.　木雕勺

长48.5厘米，宽11厘米
几内亚比绍总统夫人卡西拉尔赠中国政府。

　　木勺造型奇特，勺柄上端雕刻有鸟和蜥蜴图腾形
象。非洲传统宗教认为，崇拜神灵人们即可得到其生机
与活力，并获得超自然之力的护佑。非洲传统木雕式样
因地区及部族不同而种类各异、变化多端。将寓意不同
的神灵形象雕刻在与人们日常生活密切相关的各种器物
上，意在祈求与神灵时刻保持密切联系。

7. 木刻花酒具

壶：高21.5厘米，腹径16厘米；盘：直径25厘米；杯：高6厘米，口径3.5厘米
1967年10月，阿尔巴尼亚政府赠国务院总理周恩来。

　　阿尔巴尼亚人精于以各种木材制作建筑物构件、劳动工具及日常用品等，其民间木雕艺术富有浓郁的传统风格。他们通常在器表涂以黑、红、绿色等底漆，再根据图案设计进行雕刻，形成由不同色彩构成的几何、星形、花形等纹样，呈现简洁质朴的艺术效果和装饰美感。

8. 木刻彩漆烟杆

长64厘米
1966年4月，阿尔巴尼亚党政代表团赠国家主席刘少奇。

　　烟杆由两节组成，为可拆卸式，中部饰以数个圈环，通体雕刻红、黑、绿三色几何形花纹，具有淳朴自然、独特别致的装饰风格。阿尔巴尼亚位于巴尔干半岛西部，山地和丘陵占国土面积3/4，森林资源十分丰富。勤劳智慧的阿尔巴尼亚人喜欢在木器上进行雕刻，大小物件上无不雕有或简单或复杂，或粗糙或精致的各种图案。

9. 木镶嵌牙骨盒

长15.6厘米，宽15.6厘米，高6.5厘米
1974年11月，伊朗科学家沙瓦哈特赠中共中央主席毛泽东。

　　木盒表面镶嵌细密的牙骨，构成多种几何纹样。在伊斯兰工艺中，木雕上常常嵌有象牙或骨头，木雕和牙雕互为依存。这两种工艺都显示了一种典型的对繁琐的热衷和对精致表面图案的娴熟驾驭能力，似乎伊斯兰教对表现事物的禁令反而使手工艺人积聚了更多的想象力，并且产生了一种只有在尽可能多的装饰中才能得以释放的能量。

10. 木嵌螺钿牙骨舞女乐师图盒

长35厘米，宽22.5厘米，高10厘米
1983年4月，埃及总统穆巴拉克赠中国政府。

　　盒面图案取材于古埃及第十八王朝末期，担任阿芒神祭司职务的王族成员纳赫特的墓室壁画《女乐师》。舞女和女乐师在为王宫喜庆活动助兴。姿态优美，构图讲究，装饰意味浓郁。盒四壁图案为古埃及集市、舞蹈、河上泛舟等场景。埃及是世界四大文明古国之一，其传统文化艺术对现代埃及，乃至整个世界都产生过重要影响。

11. 木雕经书架

长44.5厘米，宽25.2厘米，高31厘米
1979年12月，吉布提总统哈桑·古莱德赠国务院副总理李先念。

　　礼品为折叠式经书架，打开呈X型，通体采用镂雕方式，轻巧精美，反映了伊斯兰教传统文化内涵。穆斯林诵读经文时，通常是把经书放在各式书架上。吉布提位于非洲东北部，扼红海进入印度洋要冲。

12. 玉石嵌螺钿花卉纹圆盘

直径29.5厘米，高2.5厘米

1995年9月，巴基斯坦政府赠中华全国妇女联合会。

13. 玉石花瓶

高26厘米, 口径8.5厘米

1984年7月, 巴基斯坦外交部长雅各布·汗赠中国政府。

　　这件花瓶由一整块巴基斯坦玉精雕而成。自然天成的纹饰, 似行云流水, 极富美感, 透出一种迷离的神韵。巴基斯坦玉, 又称青白玉, 属于大理岩, 色泽典雅, 纹理丰富, 以其特有的魅力闻名遐迩。

14. 木镶铝镀金挂钟

长46厘米，宽27.5厘米
1982年10月，苏里南代表团赠全国人大常委会副委员长姬鹏飞。

　　表盘由一截树干的断面制成，12个钟点用金属铝镶嵌，形状各异，别具一格，反映了苏里南自然资源的特色。苏里南位于南美洲东北部，原为印第安人居住地。16世纪末，一度沦为西班牙殖民地。属热带雨林气候，森林覆盖面积占全国面积的90%，主要矿藏为铝土。由于有着丰富的森林和铝土资源，被称为"森林之国"、"铝土之国"。

15. 木雕面具

高57厘米，宽19厘米

1978年10月，马里总统特拉奥雷赠国务院副总理耿飚。

　　非洲面具艺术的产生与祖先崇拜、图腾崇拜等传统宗教信仰密不可分。佩戴面具绝非在于遮盖佩戴者的本来面目，而是代表着人的灵魂向神灵世界的转化，并与祖先或神灵对话、沟通，以实现各种祈求与心灵慰藉。面具上的人物象征德高望重的祖先，他们被认为具有超自然之力，可保佑族人繁荣兴盛，消灾避难。

16. 红皮桶式背包

高22厘米，底径26厘米

1960年9月，几内亚总统塞古·杜尔赠国家主席刘少奇。

17. 斑马皮三角凳

长44.8厘米，宽35.7厘米，高61厘米

1965年7月，乌干达总理奥博特赠国家主席刘少奇。

18. 皮罩饰椰园景色台灯

高53厘米，底径25厘米
1984年6月，圭亚那总统伯纳姆赠中共中央顾问委员会主任邓小平。

　　台灯的造型象征一棵树，表现圭亚那椰树种植园的景色。灯架用粗铜丝定型，灯罩为经过硝鞣、染色的牛皮。在长筒状的灯罩上，对称雕刻着四棵挺拔粗壮的棕榈树，顶端为一簇软皮剪刻成的枝叶，代表树梢；下端用皮子剪成须状，代表树根。灯罩上还刻着长有果实的椰树，有人在采摘椰子，有人正往高处攀爬，一派繁忙景象。

责任印制　王少华

责任编辑　贾东营

图书在版编目（ＣＩＰ）数据

明月和风：国际友谊博物馆藏伊斯兰国家国际礼品 /
国际友谊博物馆、宁夏博物馆编. －北京：文物出版社，
2010.7

　ISBN 978-7-5010-2993-8

　Ⅰ．①明... Ⅱ．①国... Ⅲ．①中外关系－友好往来－礼
品－伊斯兰国家－图集 Ⅳ．①D822.237-64

　中国版本图书馆CIP数据核字(2010)第122800号

明月和风

国际友谊博物馆
宁　夏　博　物　馆　编

出版发行　文物出版社

　　　　　（北京东直门内北小街 2 号楼　邮政编码 100007）
　　　　　http://www.wenwu.com
　　　　　E-mail：web@wenwu.com

制版印刷　北京图文天地制版印刷有限公司

经　　销　新华书店

开　　本　889×1194毫米　1/16

印　　张　8.75

版　　次　2010年7月第1版

印　　次　2010年7月第1次印刷

书　　号　ISBN 978-7-5010-2993-8

定　　价　188.00元